VÉRITABLE

DOCTRINE

MONARCHIQUE.

VERITABLE

DOCTRINE

MONARCHIQUE;

RELEVÉE PAR UN CONSTITUTIONNEL EN OPPOSITION AUX PROJETS ACTUELS DU MINISTÈRE;

PAR N. LAISNÉ.

« Qu'est-ce que les ministériels ne disent
» point de la Charte, même à la tribune? Comme
» ils l'expliquent et l'interprètent! A quoi ne la
» réduiraient-ils point s'ils étaient les maîtres!
» Et pourtant à les entendre, c'est nous qui ne
» sommes pas constitutionnels; c'est moi peut-
» être qui ne veut pas de la Charte! »

Le Vicomte de Chateaubriand, de la Monarchie selon la Charte, ch. LXXIV.

PARIS,

Chez MONGIE, Libraire, boulevard Poissonnière, N.° 18,

Et chez les Marchands de Nouveautés.

Mars 1824.

VÉRITABLE DOCTRINE

MONARCHIQUE.

Le coup d'état qui vient d'avoir lieu, et les motifs de cette mesure extraordinaire, annoncés précédemment par l'organe du plus influent des ministres, de celui qui, par la hauteur et le prestige de son talent, était le plus capable de faire illusion sur les dangers d'un faux système, ne laissent plus de doute sur les intentions qu'a le Gouvernement de modifier la Charte en faveur de la septennalité.

Nous demanderons d'abord sur quelle nécessité présente se fonde le changement proposé, et si les institutions dues à la restauration, déjà usées par le temps, ont besoin d'être rajeunies ou remplacées. Quelle que soit la rapidité qui entraîne les choses, un siècle n'a pu s'écouler à notre insu. Neuf années seraient-elles un terme de rigueur au bout duquel une constitution finirait comme un bail? Nous ne pensons pas qu'il en soit ainsi : C'est par un mouvement insensible et lent que le temps change l'aspect des choses. Les sociétés humaines, dans leur marche séculaire, ressemblent à ces globes célestes qui roulent sur nos têtes : elles décrivent de vastes ellipses, et ce n'est pas sur un court espace de la ligne parcourue qu'on peut juger de leur courbure.

Il s'agit aujourd'hui de renverser la Charte comme une barrière qui, après avoir contenu jusqu'ici la contre-révolution, doit lui livrer un large passage. Le pouvoir à cet égard montre de l'ingratitude : car en quoi la Charte l'a-t-elle contrarié? ne l'a-t-il pas en quelque sorte rendue sa complice ? Ainsi : changement de la loi du recrutement; changement de la loi des élections pour établir le double vote; esclavage de la presse; plus tard réforme du jury pour les délits de cette presse; persécution envers les écrivains constitutionnels; licence, impunité accordée aux défenseurs du pouvoir absolu; rétablissement des congrégations religieuses au mépris des lois existantes; absence de loi sur la responsabilité des ministres; levées d'hommes; impôts extraordinaires; emprunts plus extraordinaires encore; guerre faite à la liberté chez un peuple voisin; système d'épuration, malgré l'égale aptitude à tous les emplois, malgré l'oubli commandé par la Charte; atteinte portée à la représentation nationale dans le sanctuaire même des lois; et présentement fraude, violence, corruption, pour rendre mensongère la représentation nationale; enfin que n'a-t-on pas fait avec la Charte?

Mais ce n'est pas assez qu'elle ait fait preuve d'une si rare complaisance, il faut aujourd'hui qu'elle attente, pour ainsi dire, sur elle-même et se donne la mort par une espèce de suicide. Et, que dis-je, si le pouvoir ministériel n'a pas besoin que la Charte existe, il a besoin que l'on croie à son existence; il veut qu'elle se survive à elle-même, et il la réduirait volontiers à l'état de squelette, pourvu qu'elle tînt la faux de l'arbitraire.

Mais que devient la religion du serment? que deviennent ces belles protestations faites à diverses reprises, comme autant de prières et de supplications adressées à la peur, divinité à laquelle nos hommes d'état ont souvent sacrifié? Ce n'était guère la peine de lui concilier d'abord tant de respect et de reconnaissance, de nous la représenter comme l'œuvre immortel de l'infaillibilité royale : on ne coule pas en bronze les ouvrages dont il faudra bientôt détacher des fragmens.

Ceux qui sont à la solde du pouvoir, et qui le défendent par métier, ne manqueront pas de nous objecter que, la meilleure constitution ne pouvant durer éternellement, il n'y a pas de règle qui détermine l'époque d'une révision; parce que, dans la vie d'un peuple, il y a telle circonstance où une révision serait prématurée au bout de cinquante ans, comme il y en a telle autre où elle serait tardive après dix ans. Cependant, il resterait toujours à savoir si nous sommes bien dans ce dernier cas, et surtout si des changemens survenus dans nos mœurs et nos habitudes sociales appellent des modifications dans notre pacte constitutionnel.

Toutefois, et cela n'est pas contraire à notre profond respect pour la personne auguste et sacrée du Monarque, nous oserons demander si l'auteur de la Charte, à l'époque même où il il proclama nos franchises, se serait mépris sur notre caractère. Serait-ce parce qu'il avait trop présumé de notre capacité pour les libertés constitutionnelles que l'on en viendrait aujourd'hui à nous contester tous les bienfaits de la restauration ? Ce jugement favorable que le souverain aurait porté sur nous, et en conséquence duquel la Charte fut octroyée, serait-il une erreur? Mais, en supposant qu'il en fût ainsi, cette erreur n'est-elle pas plus favorable aux intérêts de la France que la triste vérité pour laquelle on prend fait et cause aujourd'hui ?

Toutefois, à l'époque de la restauration, le trône pouvait-il craindre la révolution, qui, fatiguée d'elle-même, se jettait dans les bras du roi ? Tout alors était franc et cordial : on croyait à la perpétuité du bonheur de ces premiers jours ; d'où vient que l'horison de la liberté s'est rembruni de plus en plus, et qu'après s'être embrassé si fraternellement, sous les yeux du père commun, on s'est divisé si scandaleusement ?

Qui a donc répandu parmi nous ces germes de division ? Qui a rallumé une querelle que le temps et nos malheurs semblaient avoir éteinte? Ce n'est sans doute pas la nation, cette nation depuis long-temps en paix avec elle-même, qui se présenta à Louis XVIII sous les heureux auspices de la concorde et de la gloire. Enrichie des conquêtes de la civilisation, ennoblie par d'innombrables trophées, la France offrait aux Bourbons un immense héritage, et le trône en recevait aussi plus de splendeur. Les Français étaient contens, le Roi l'était aussi ; de part et d'autre chacun voyait le terme de ses longues souffrances et se trouvait heureux : la France, en retrouvant son légitime souverain, gage de stabilité et de bonheur, le Roi, en retrouvant plus qu'il n'avait laissé. Enfin, ils étaient réciproquement dignes l'un de l'autre ; et de cette solennelle réconciliation devait résulter une félicité durable.

Mais au retour du monarque, et à sa suite, reparurent des hommes qui, parce qu'ils avaient suivi la royauté en exil, pensèrent à leur retour qu'ils seraient appelés à en partager les prérogatives. Comme le Roi recouvrait ses droits dans toute leur plénitude, ils en concluaient qu'ils devaient rentrer dans les leurs, c'est-à-dire dans leurs anciens priviléges. C'est une vieille erreur que ces hommes rapportèrent de l'exil ; celle d'assimiler toujours leur cause à celle du trône, et de ne vouloir pas se considérer comme *sujets*. Ils oubliaient encore que c'est leur cause qui fut perdue par la révolution et non celle du trône qu'ils n'avaient fait que compromettre. Ces hommes ne veulent pas s'accommoder d'un nouvel ordre de choses qui proclame à jamais leur déchéance ; de là toutes leurs menées, toutes leurs intrigues pour s'emparer du pouvoir ; de là l'usage qu'ils en font maintenant pour attaquer cet ordre de choses, qui les gêne, qui les exclut, et auquel ils livrent un combat à mort.

N'est-ce pas des progrès de ce parti, de sa marche envahissante, que sont nées toutes les défiances chez un peuple d'abord satisfait de sa nouvelle alliance avec l'ancienne dynastie ? De là aussi, par un effet très-naturel, ce mécontentement d'une nation entière, et l'aigreur bien juste de ceux qui parlent en son nom : de là, dans les Chambres législatives, cette opposition plus ou moins opiniâtre, toujours redoutable par la force de ses raisons, quelquefois violente, emportée dans ses paroles, mais nécessitée par les circonstances, provoquée par l'excès des prétentions d'un parti déraisonnable, qui s'est constitué en guerre avec tous les intérêts.

Cette irritation causée par lui-même, le parti veut aujourd'hui la faire cesser ; mais de quelle manière? D'un côté le sentiment de ses dangers lui fait éprouver le besoin d'en arrêter les progrès; de l'autre, la violence de ses passions, violence augmentée encore par le succès, ne lui permet pas de tarir cette irritation dans sa source : il s'agit donc pour lui de concilier ses exigences de toute espèce avec la nécessité du repos pour la France ; et la septennalité lui paraît éminemment propre à produire ce merveilleux résultat.

La Charte doit donc être l'objet d'une réforme : mais, pour cela, un appel fait à la France est tout-à-fait hors de principe. La nation n'a aucune espèce de juridiction sur la Charte, qui est, dans toute son intégrité, l'ouvrage de la *souveraineté*, laquelle réside essentiellement dans la personne sacrée du Monarque.

Si la Charte était l'œuvre des trois pouvoirs qu'elle a établis, rien de plus naturel que la nation, qui aurait eu une part active à sa confection, fût appelée de nouveau ; mais la Charte a été donnée, la nation n'a fait que la recevoir ; et elle l'a si bien reçue, qu'il n'aurait pas été en son pouvoir de la vouloir autrement. La Charte ne peut donc être changée ou amendée que par la souveraineté même dont elle est émanée, et qui l'a proclamée dans sa libre et pleine volonté. Nous insisterons particulièrement sur ce point, parce qu'il fait tout le dogme monarchique.

C'est en partant de ce principe fondamental, le seul vrai, que nous combattrons la doctrine ministérielle ; c'est en nous plaçant dans le sein de la monarchie légitime, que nous démontrerons l'inadvertance des hommes monarchiques, l'oubli des principes défendus en tout temps par eux, et la fausseté, l'absurdité de la distinction qu'ils prétendent établir dans la loi suprême de l'Etat.

Nous apprécierons au juste cette distinction nouvelle, inventée pour se tirer des difficultés et sauver les apparences. Auparavant nous allons faire connaître ce qu'on doit entendre par *royauté*, *Charte*, à ceux qui tranchent les questions d'une manière aussi frivole.

La Charte est la loi suprême dont le Monarque est le seul législateur ; née de sa sagesse et de sa liberté, c'est dans sa toute-puissance et absolue volonté qu'il l'a donnée : il l'a donnée parce qu'il le trouvait bon, juste, équitable. Sortie de ses mains paternelles, nous l'avons reçue avec respect et reconnaissance, comme le plus beau présent qui pût nous être offert. Elle est pour nous sacrée, inviolable : tant que nous sommes sous son empire, nous n'avons pas le pouvoir de nous soustraire aux devoirs qui nous sont tracés par elle, car toutes les lois positives en dérivent. Si nous ne pouvons pas nous y soustraire, nous pouvons encore moins y toucher. En un mot, nous sommes gouvernés par elle et non elle par nous.

Par un tel acte la royauté souveraine, absolue, s'est définie, s'est limitée elle-même; par un tel acte, la raison souveraine et absolue, dont cette royauté est l'image vivante, ne fait que descendre de ses sublimes hauteurs pour s'accommoder au besoin des temps et des lieux : tel est le véritable dogme monarchique. Admettre une autre doctrine, c'est renier la monarchie légitime, c'est la corrompre; c'est livrer la société à la rivalité de deux principes qui s'entre-détruisent : je veux dire le principe monarchique et le principe républicain.

Or, par quelle anomalie dans l'ordre politique, par quelle étrange nouveauté, une nation qui est destituée de sa souveraineté, qui ne peut légitimement la représenter tant qu'un monarque légitime peut se présenter à elle, viendra-t-elle aujourd'hui faire un acte de souveraineté ou de demi-souveraineté, sous les yeux du Monarque, et conjointement avec lui? Nest-ce pas là une confusion monstrueuse?

Le seul fait de la présence et de l'existence du Souverain légitime dépouille la nation de la volonté générale; cette volonté générale ne peut être exercée que par le Monarque qui en est le représentant perpétuel et inamovible, soit qu'il manifeste cette volonté, ou ne puisse physiquement la manifester.

Ainsi donc, la nation qui doit demeurer soumise à la Charte, qui n'a d'autres droits que ceux que cette Charte lui confère; qui, dans le sens légal, n'est rien sans elle, ne peut prononcer sur cette même Charte. Qu'elle ne se réjouisse donc pas, cette nation, de l'honneur qu'on lui fait aujourd'hui; car elle le paiera cher. C'est un don perfide qui lui est fait en ce moment, que celui de la souveraineté : cette souveraineté ne lui est remise que pour devenir dans ses mains une arme meurtrière contre les libertés publiques. On lui reconnaît le pouvoir de détruire ses propres garanties, tandis qu'elle ne l'a pas pour les fonder ou les améliorer. Cette nation aurait, au besoin, selon le bon plaisir de ses gouvernans, la faculté de se perdre, et non celle de se sauver : elle pourrait abattre une constitution, elle ne pourrait en élever une; enfin elle aurait la souveraineté du mal sans avoir celle du bien. Voilà pourtant où nous conduit la doctrine du ministère.

La maxime que le *parlement peut tout* n'est pas applicable en France. En Angleterre, la souveraineté s'origine du peuple pour remonter au prince, et se déléguer en sa personne. En France, la souveraineté est innée dans la personne du Monarque, ainsi que dans sa dynastie; elle fait du prince un être, pour ainsi dire, surnaturel : cette souveraineté embrasse tout dans son vaste giron. En Angleterre, elle n'est pas un principe, mais un résultat qui devient principe de gouvernement. En France, elle est une cause première et unique. En Angleterre, la nation existait déjà, et le Souverain, revêtu des attributs d'une autorité empruntée, monte sur le trône pour y prendre les rênes de l'Etat. En France, le Monarque est de plein droit avant la nation; il est le premier Français, comme l'aîné des Français : tenant son autorité de Dieu, auquel seul il en doit compte, il est la base immuable qui fonde et porte toute la société. En Angleterre, l'initiative appartient aux Chambres: *le parlement peut tout*. En France, l'initiative appartient au Roi : *c'est la couronne qui peut tout*; ce qui exclut toute comparaison sous ce rapport entre les deux pays.

De ce que le Monarque est tout chez nous, il s'ensuit que personne, pas même la nation toute entière, ne peut prendre sa place : chef-né de la société, père de la patrie, il est le premier élément d'ordre, de justice et de raison; le centre de toute la gravitation sociale, la première autorité d'où toutes les autres tirent leurs source.

Voilà pourquoi il n'appartient qu'à lui de faire des changemens à l'acte constitutionnel; il est le seul qui le puisse, parce qu'il en est le seul créateur.

En effet, comment d'autres pourraient-ils posséder un tel pouvoir? Par délégation? Le Roi peut déléguer de son autorité, mais non pas la souveraineté proprement dite, qui est inséparable de sa personne : il ne peut pas plus y renoncer qu'on ne peut renoncer à soi-même. La première force est la sienne, et la Charte en est un produit, une manifestation puissante. Comme œuvre du souverain, la Charte est de sa seule compétence. Procédant de l'unité de la toute-puissance, la Charte est le moyen qui distribue cette toute-puissance à tous les détails d'application.

Aussi tout ce qui est constitué par elle, tout ce qu'elle admet, n'a d'appui, de soutien, de force, qu'en elle. Les pouvoirs qui lui doivent l'existence, y sont toujours renfermés, et ne peuvent jamais, dans aucun cas, en forcer les limites, ni s'élever contre elle; et la raison en est simple : c'est que les facultés, les forces déléguées par la Charte ne sauraient surpasser les facultés, les forces de la Charte même.

Le Roi, en tant qu'il s'est renfermé dans la

constitution où sa puissance est partagée, est lui-même, comme le reste, soumis à la loi suprême.

Une fois posée, la Charte est donc véritablement souveraine. Pour avoir prise sur elle, il faudrait donc être placé en dehors et lui être supérieur : à cet égard, il n'y a que la souveraineté absolue. Cette souveraineté, dans notre monarchie héréditaire, réside en la personne royale ; comme dans la république, elle procède de la volonté du peuple.

Parce que vous êtes quelque chose avec la Charte, vous vous croyez quelque chose contre elle et sans elle! C'est une grande erreur. La Charte seule vous donne un caractère légal ; elle vous revêt chacun d'une portion d'autorité ; mais si elle venait à être enlevée, et avec elle toutes les lois qui en découlent, vous ne seriez plus rien. Otez la Charte, les trois grands pouvoirs disparaissent, et, avec eux, l'ordre qu'elle fondait et perpétuait. L'anarchie peut-être lèvera sa tête hideuse ; mais la royauté qui avait consenti au partage de sa puissance, la reprend alors toute entière et de la manière la plus absolue : retournant à son origine, elle surnage avec sa puissance indéfinie au-dessus de tous les périls, recélant en elle-même le principe de vie qui, seul, peut tout racheter. Eh! qu'est-ce donc que la Charte, si elle n'est pour ainsi dire le souffle, la parole qui vient donner la vie sociale et organique?

Il n'est donc pas vrai que la Charte soit, comme on l'a dit souvent, un contrat entre le prince et la nation. L'égalité de droits qu'un tel contrat supposerait entre les deux parties contractantes, serait contraire à la base de toute stabilité, en laissant flotter cette base sur une alternative. Là Charte n'est autre chose qu'une véritable concession, ce qui vaut infiniment mieux; car, dans un cas de danger où elle serait impuissante pour nous sauver, elle rend au Monarque la dictature du pouvoir absolu.

Ces hautes vérités ont dû se présenter à l'esprit des ministres dans leurs conférences secrètes; ils ont dû même éprouver quelque embarras en présence de leur doctrine machiavélique, doctrine qui usurpe si visiblement sur les immuables prérogatives de la couronne, et sape le dogme monarchique.

A quelle nécessité impérieuse cèdent-ils présentement? Leur fera-t-on l'injure de penser qu'ils n'agissent pas suivant leur conscience et leurs lumières? Chaque homme, il est vrai, a sa manière d'envisager les choses; les uns voient souvent des périls où les autres voient leur salut. Où nous voyons des germes de prospérité, le pouvoir y découvre des élémens de désordre : il a peur de ce siècle qui marche à pas de géant.

De là tous les mouvemens qu'il se donne pour l'arrêter ; de là cette vieille milice des représentans du passé, qui, serrant de plus en plus leurs rangs, s'avancent de front sur l'avenir comme à une conquête, réservant aux idées libérales le sort des ilotes. Mais ils sont eux-mêmes comme des vaincus conspirant à délivrer le pays d'une occupation qu'ils regardent comme étrangère. La grande bataille qu'ils viennent de gagner sous les bannières du pouvoir, ils la croient décisive. Jusqu'à ce jour tous leurs projets, quoique vastes, avaient été infructueux. La contre-révolution était contrainte d'attendre et bouillonnait d'impatience au pied de la Charte : elle n'en recevait des faveurs et des exceptions que par intervalle, et comme pour attendre le jour de l'entrée en pleine et entière possession.

La septennalité demandée, et en partie obtenue, si l'on en juge par les noms sortis de l'urne électorale, va changer l'état de la France. Enfin avec la septennalité la contre-révolution coulera de source.

Les ministres actuels qui se chargent de conduire les choses à une si belle fin auront sans doute raisonné ainsi : nos principes monarchiques nous ont conduits au pouvoir : la France doit être monarchique ; ce qu'il peut y avoir de mieux pour elle, et pour nous, c'est de nous conserver au timon des affaires ; car nous sommes les plus habiles d'entre les monarchiques. Le renouvellement par cinquième est notre ennemi ; il nous congédiera, nous et nos amis ; de plus il est brutal, violent de sa nature ; il entretient une irritation continuelle et ouvre à des principes qui nous blessent et nous tuent le chemin de la tribune ; il importe donc d'y remédier.

Quel risque d'ailleurs y a-t-il ? La guerre n'a-t-elle pas été décidée malgré tous les cris d'opposition ? Cependant le succès a couronné notre audace ; il en sera de même pour la Chambre septennale. Au reste, la manie de raisonner, de discuter est le défaut dominant de notre époque : servons-nous de ce travers pour obtenir les moyens de le corriger ; annonçons que la Charte contient, parmi ses articles, des modes d'exécution, susceptibles d'être modifiés : ce sera une pâture pour tous les raisonneurs, et pendant que la France doutera, nous agirons.

Ils ont réussi. Ils n'ont pas été moins heureux à tromper la religion du monarque, dans le dessein de ravir à la France ce qu'elle a de plus cher après lui. Au fond de tout cela est cependant l'aristocratie féodale, cherchant à élever sa tête orgueilleuse au-dessus de la Majesté du trône pour fouler à ses pieds les droits de la nation ? Comment des hommes éclairés, des hommes honorables par leurs sentimens et leurs actions antérieures, osent-ils attaquer, par un tel abus du pouvoir qui est dans leurs mains, des principes que, comme opposition monarchique, ils défendaient naguère avec zèle, talent et conviction ?

Par quelle singulière préoccupation le pair de France, le défenseur de la Charte devient-il méconnaissable en la personne du ministre ? Pourquoi des sophismes et d'oratoires subterfuges, se trouvent-ils tout-à-coup dans une bouche autrefois loyale et vraiment éloquente ? Que signifie cette distinction nouvelle, établie par M. de Châteaubriand, parmi les articles de la Charte ?

Cette distinction ne saurait jouir d'aucune faveur chez les hommes droits et éclairés ; elle n'est après tant d'interprétations forcées de la Charte, tant de subtilités particulières, qu'une subtilité générale, qui, comme une lame tranchante, se glisse furtivement et coupe dans ses racines l'arbre de la constitution.

Nous l'avons dit : la Charte est un tout. Elle est une et indivisible. Il y a solidarité entre tous ses articles, on ne saurait la fractionner sans la détruire : autrement il faudrait admettre qu'il y a dans la Charte quelque chose qui est la Charte et quelque chose qui n'est pas elle ; absurdité choquante, qui en ferait en quelque sorte une mécanique se démontant à volonté.

Le réglémentaire, proprement dit, n'est point dans la Charte ; seulement il se déduit, s'interprète de la Charte ; ou, si l'on tient à conserver ce mot, parce qu'il y a dans la Charte des articles qui ont pour objet de régler la marche de certains autres, alors ce serait du réglémentaire fondamental, non moins invariariable que le reste.

La Charte ne comporte pas un seul article qui ne soit lui seul une loi souveraine ; car, qu'est-ce qu'une constitution, si ce n'est un ensemble de principes généraux coordonnés entr'eux? Si ce n'est un véritable système dont la royauté forme l'unité? Y distinguer du fondamental et du réglémentaire, du spirituel et du temporel, du législatif et de l'exécutif, en quelque sorte, y reconnaître dans une partie un droit d'aînesse sur l'autre, c'est ériger l'absurde en principe.

Mais cette prétendue partie réglémentaire est la plus précieuse pour les libertés : c'est elle qui reconnait et favorise la puissance de l'opinion, pour lui donner une part dans le gouvernement ; cette partie est la plus essentielle ; elle est le principe vital qui anime tout, et fait vivre la Charte : c'est par elle que le sang abonde au cœur. Si on affaiblit ce principe, la Charte est sans force, elle ne défend plus les intérêts dont elle se disait la conservatrice.

De plus, trois élémens bien distincts composent notre système constitutionnel; savoir : le monarchique, l'aristocratique et le démocratique; paralyser ou dénaturer un de ces trois élémens constitutifs, c'est gâter l'ensemble de l'ouvrage, le pervertir, en changer totalement le but.

Le Monarque, lorsqu'il conçut dans sa sagesse la Charte donnée par lui aux Français, a entendu faire la part de chacun de ces trois élémens qui, en se limitant réciproquement, se font un équilibre salutaire l'un à l'autre.

Mais quand un parti domine, il rompt à son avantage cet équilibre salutaire, sauve-garde des libertés. Renforçant son principe aux dépens des deux autres, il finit par livrer son pays à tous les maux qui sont souvent la suite des grandes usurpations politiques.

Cette distinction ne saurait exister, l'auteur de la Charte ne l'ayant pas expressément faite. Si elle avait été dans sa pensée, il n'eût pas oublié d'en faire un titre à part, comme il le fit pour les articles transitoires, ou plutôt ce réglémentaire, s'il eut été du ressort des Chambres, n'anrait pas manqué dès-lors d'être renvoyé à leur délibération.

Mais cela ne pouvait pas être. Ce réglémentaire devait préexister aux Chambres, puisque son objet propre était de prescrire le mode de formation et de renouvellement de la Chambre élective; et cette Chambre n'a pu être légalement convoquée qu'en vertu de dispositions spéciales, écrites d'avance; ce qui prouve évidemment que la Chambre est subordonnée à cette partie de la Charte, comme à toutes les autres.

Une objection assez spécieuse pourrait nous être faite : puisque vous reconnaissez la doctrine du droit divin, pourquoi, en vertu de son pouvoir absolu, le Roi ne pourrait-il pas appeler la nation et l'associer à lui pour reviser, comme en famille, la loi fondamentale de laquelle dépendent le bonheur et la sureté de tous? Pourquoi assujétir à l'observation des formes, celui qui peut être au-dessus de toutes les formes? Car qui peut tout, peut tout ce qu'il veut.

D'abord, le pouvoir absolu et la Charte sont deux choses qui ne peuvent aller ensemble. C'est tout un ou tout autre. Le pouvoir ne saurait être absolu et relatif tout à la fois; il cesse d'être l'un, dès qu'il devient l'autre.

Comme absolue, la puissance royale s'exerce d'elle-même et par elle-même; libre comme l'air, elle peut octroyer une constitution.

Comme relative et constitutionnelle, cette puissance est restreinte et partagée, mais elle est insuffisante, comme telle, pour changer la loi même qui la restreint et la partage. Indispensablement il faut donc que le Roi sorte de la Charte pour changer ou modifier cette Charte. Tant qu'il y est renfermé comme roi constitntionnel, il lui est soumis.

En outre, défenseur de la monarchie pure, quant à son origine, nous soutenons que la royauté absolue a des droits et des devoirs non moins absolus, auxquels elle ne peut renoncer, sans faire, en quelque sorte, abnégation d'elle-même : elle ruinerait son principe, elle perdrait sa dignité, laquelle est sacrée et incommunicable.

Tout ce que nous venons de dire est purement théorique et rationel. En *fait*, on sait que, pour faire une constitution, le Monarque a besoin de s'entourer d'hommes éclairés, de s'aider de leurs lumières, de leur prévoyance; mais le conseil dont il s'environne est purement privé : il ne sort pas des nuages d'où la Majesté royale, seule et resplendissante, descend la loi à la main.

Les ministres, il nous semble, avaient une marche plus simple à tenir : au lieu d'appeler la nation qui ne peut ni ne doit délibérer sur la Charte, c'était de conseiller au Monarque *souverain*, pouvant sortir de la Charte, lorsqu'il s'agit d'assurer un plus grand bien au pays, de revenir lui-même sur les articles qui, d'après l'expérience, présenteraient quelque discordance. Les Français alors se seraient soumis avec une confiance respectueuse à la décision de leur souverain, décision auguste et paternelle, qui ne peut avoir pour but que le repos, le bonheur de la France.

Ils ont ont préféré une autre voie, sans doute plus sûre, pour éviter de se mettre sous le fardeau d'une immense responsabilité, envers le Souverain, comme envers la nation ; c'est de faire en sorte que la France prononce par des représentans, la ruine des libertés nationales. Voilà le chef-d'œuvre de l'habileté ministérielle ; car n'ont-ils pas dit : *Arrangez-vous, on ne vous prend point en traître ;* comme si en prononçant ce mot, ils eussent entrevu déjà qu'ils pourraient être accusés de trahison.

Toutefois, d'après la doctrine que nous venons d'exposer et de défendre dans l'intérêt même des libertés, on ne manquera pas de nous traiter de rêveur, d'absolutiste, et il nous semble déjà entendre les clameurs de l'esprit de parti. Je déclare rechercher la vérité de bonne foi, telle qu'elle se rapporte à l'ordre de choses et de principes au milieu duquel nous vivons, sans m'inquiéter de plaire ou de déplaire à tel ou tel parti.

Encadrés, pour ainsi dire, enrôlés, volontairement ou forcément, dans une monarchie légitime, ce qu'il y a de mieux à faire, c'est d'en prendre les principes ; car il ne s'agit pas de raisonner d'après ses inclinations pour telle ou telle forme de gouvernement ; mais d'après ce qui *est*. La monarchie est un fait, une donnée dont nous ne devons pas nous écarter dans les conséquences ; elle est une vérité nationale. Citoyens d'une république libre, alors nous pourrions tenir un tout autre langage.

Ce pouvoir absolu des Rois, contre l'exercice duquel on se récrie si justement aujourd'hui a été indispensable dans l'enfance des sociétés ; il était alors tutélaire. Image de l'autorité paternelle sur l'être à peine échappé du berceau et privé de raison, il devait commander pour guider les premiers pas de l'enfance sociale dans le sentier des bonnes habitudes ; il ne pouvait pas s'adresser à la raison, alors que la raison n'était pas encore débrouillée. Mais à mesure que l'homme moral grandit, se développe, il devient plus capable de se conduire lui-même, et l'autorité qui pesait, qui s'étendait sur lui tout entier, se retire et, en quelque sorte, l'évacue, en cédant aux progrès de la raison.

L'Homme fait n'est plus gouverné comme machine, il fait usage de sa raison, et cette raison devance ou seconde l'autorité des lois ; s'il est soumis, ce n'est plus que sous quelques rapports, et ces rapports diminuent eux-mêmes en raison des progrès de la civilisation ; c'est-à-dire qu'il obéit plus à la loi, qui est la raison écrite, qu'à la seule autorité de l'homme.

Le despotisme des premiers âges serait donc impossible aujourd'hui : il ne faut pas oublier qu'il est toujours relatif à l'état d'un peuple, et que tel despotisme dont un peuple civilisé se plaint, serait la liberté pour un peuple moins avancé. Une constitution n'est autre chose que le point de réduction du pouvoir absolu, pour le rendre applicable à un ordre de faits politiques et moraux.

Voilà ce que nous devions à dire à ceux qui se révoltent contre ces mots, *pouvoir absolu*, comme si les rois pouvaient à leur gré le mettre en pratique. Si cela dépendait d'eux, pourquoi n'en jouissent-ils pas? est-ce faute d'envie?

Ici notre tâche devient plus facile : nous répondrons à quelques-unes des assertions du manifeste ministériel.

Le noble écrivain *qui l'a signé à toutes les pages*, porte sur nous un jugement désespérant qui nous cause une vraie tristesse, non qu'il soit l'expression de l'exacte vérité, mais parce qu'il a sa source dans les préjugés des hommes actuellement chargés de nos destinées : ce serait notre incapacité pour la liberté, résultant *de l'opposition* qui existe *entre nos idées et nos sentimens*, et sur cela il débite ce qu'on savait déjà, que la liberté est un sentiment et non une abstraction de l'esprit.

La liberté sans doute résulte d'un sentiment inné dans le cœur de l'homme; c'est précisément ce qui la rend impérissable. Quelquefois elle est plus ou moins comprimée, et voilà tout. Mais ce sentiment primitif (tel que le conçoit et le sent le noble écrivain), livré à lui-même, est impétueux, sauvage, et rendrait même la liberté civile impossible, s'il n'était retenu; balancé par les idées dans les limites du devoir. La perfection de la liberté politique consiste dans un rapport harmonique des idées avec les sentimens pour un état donné de la civilisation: et quoiqu'en dise l'illustre écrivain, ce n'est que dans les pays les plus civilisés qu'on a le plus de liberté.

Néanmoins, en supposant que nos prétentions, à nous Français, fussent trop élevées à cet égard, est-il d'un bon gouvernement de refuser la part de liberté qui est dûe, de se montrer l'ennemi acharné de cette liberté, de de la poursuivre par la corruption, la fraude, la violence et mille moyens odieux. Les gouvernemens ne sont pas seulement les conducteurs et les gardiens des peuples, ils doivent en être aussi les modèles.

Vous exigez, comme premier devoir du citoyen, le respect envers l'autorité; oui, sans doute; mais vous-mêmes respectez la justice qui est une autorité pour vous. N'avilissez pas les hommes en les faisant tomber dans les piéges tendus à leur cupidité; ne les déshonorez pas par d'infâmes présens, ni par la terreur de vos menaces, qui les trouvent souvent pusillanimes; ne leur faites pas perdre le sentiment de leur dignité morale. Un jour peut-être vous vous repentirez de leur avoir enseigné à trahir leur conscience envers leur patrie; car vous vous serez ôté à vous-mêmes l'appui de leur fidélité.

Mais que dis-je? le pouvoir est infaillible maintenant; c'est la France qui a tort, c'est elle qui est égarée. Ce parti dont le ministère forme la tête et l'intelligence, écoutez-le :

« L'ordre nouveau est l'ordre du crime; ce qui » est appelé conquête de la révolution n'est que » la possession paisible et respectée de nos dé- » pouilles que chacun s'est partagées : la France » actuelle n'est pas la véritable France; les » fausses doctrines, les systèmes les plus mons- » trueux ont interverti le véritable ordre; la » civilisation a été détournée dans sa marche : » tout court à l'aventure vers un terme in- » connu; tout penche vers l'abîme. La France » tourne sur un autre axe : ses lois, ses mœurs, » son climat, tout a subi la loi du changement. » Echappée de son orbite, lancée à travers » l'espace, elle vole à une ruine inévitable. Les » lumières dont elle est si vaine, loin de lui

» rendre le bonheur qu'elle a perdu ; attestent » même le danger de sa situation présente ; car » elles indiquent le voisinage du foyer, qui, en » l'éclairant de plus près, doit finir par l'em» braser entièrement. Le moyen de la sauver » consiste aujourd'hui à frapper un grand coup, » qui, comme un tremblement de terre, ren» verse tout ce que la révolution a pu édifier. » La révolution n'a dû son infernal succès qu'à » la faiblesse du pouvoir d'alors ; que le pouvoir » actuel soit fort, et notre triomphe est assuré. »

Si c'est l'espoir de mettre fin à la lutte de l'ancien et du nouveau régime, qui porte le ministère à s'adjuger le pouvoir pour sept ans, j'ose dire qu'il se trompe. La constance des Français n'est pas dans le repos, mais dans l'activité. La mesure proposée, une fois admise, n'aura pas pour effet de terminer cette lutte ; car, d'un côté, l'esprit de liberté est aussi opiniâtre que, d'un autre, les ambitions sont insatiables. Cette mesure remédiera si l'on veut à la vivacité des discussions dans les Chambres, tempérera leur esprit ; mais elle concentrera le mal dans la nation ; aigrira peut-être des levains qui y fermentent déjà, et portera à des voies de fait ceux auxquels on aura ôté la parole. Cette mesure, si agréable au pouvoir actuel, et dans laquelle il voit son bonheur et sa gloire, séparera deux combattans, au lieu de les réconcilier ; toutefois en donnant à l'un tout l'objet de la dispute et en chassant l'autre honteusement. Une poignée de privilégiés occupera le fort inexpugnable de la septennalité, tandis que la multitude abandonnée couvrira la plaine. Alors les choses en resteront là jusqu'au moment fatal où les assiégés, cédant aux terreurs d'un assaut général, réclameront les honneurs de la guerre, avec l'utile permission de passer sous charriot couvert les tributs levés durant leur séjour.

On pourrait présenter ce dilemme au ministère : Vous craignez sérieusement la révolution, ou vous ne la craignez pas. Si elle est un véritable géant, je dis qu'elle repassera bientôt les fleuves et les monts pour arriver à vos petites fortifications; si, au contraire, elle est, comme je le crois, un fantôme, une chimère propre à vous servir de prétexte pour satisfaire l'ambition des vôtres, on ne voit pas ce que le trône, pour l'affermissement duquel la septennalité est demandée, pourra y gagner.

Mais où seront vos moyens de salut, lorsque vous serez à cent lieues de l'opinion publique? Prenez-y garde : la position est nouvelle; vous vous trouverez sur un terrain inconnu, et il est quelquefois des retours si soudains, si inattendus, qui surprennent la vigilance la plus active.

Embarqués dans la septennalité, et prenant le large avec elle, savez-vous ce que vous deviendriez si la tempête venait malheureusement à éclater sur vous ?

Vous casseriez la Chambre ; mais alors ne pourriez-vous pas avoir des élections qui fussent la revanche de celles de 1824 ? Au lieu d'une Chambre aristocratique introuvable, vous auriez une Chambre démocratique introuvable, votre renouvellement intégral vous donnerait une véritable convention ; inconvénient auquel le renouvellement partiel ne vous exposerait jamais. C'est en se jetant dans un excès qu'on ramène, sans le vouloir, l'excès contraire.

Ne parlons pas de la prévoyance des gouvernans : ils n'ont souvent que trop fait preuve d'impéritie. Ils ont été quelquefois si niais en présence des événemens ! Sur quoi d'ailleurs se décident-ils ? sur des symptômes visibles : mais alors il n'est déjà plus temps.

Le pouvoir le plus fort et le plus hardi ne peut rien contre certains événemens. C'est dans les grandes choses qu'il y a le plus de fatalité : l'homme du pouvoir se trouve alors raccourci, et la sagesse ministérielle, comme la liberté politique, éprouve aussi ses refoulemens.

Vous voulez nous enlever les libertés que le Roi nous a données ! Qui vous autorise à cela ? Qui vous a inspiré tant de mépris pour nous ? Parce que nous avons souffert le despotisme d'un homme extraordinaire, dans des circonstances extraordinaires, vous nous croyez sans doute tout façonnés pour le despotisme ministériel, despotisme criard, tracassier, méprisable, d'autant moins endurable qu'il vient des hommes et non de la gravité des choses, qui ne gêne le grand nombre que pour mettre le petit plus à l'aise.

Ridicules imitateurs d'un grand homme, vous voulez singer ses exemples; mais où sont les brillantes compensations qui, en exaltant l'orgueil national, rendent le despotisme supportable ou le font pardonner?

Nous parlons de despotisme. Ici il faut être juste envers Napoléon. Son despotisme était moins l'ouvrage de son caractère que la conséquence inévitable des guerres continuelles que nous avions à soutenir. Peut-on songer à son bonheur quand il faut défendre son existence? La liberté ne pouvait jamais se relever au-dedans, tant que l'indépendance de la patrie était menacée au-dehors.

De plus, comme la France avait pour ainsi dire conquis la liberté par la victoire, il a été facile de lui persuader qu'elle pouvait la conserver de la même manière; et tant qu'a duré cette illusion, la France ne s'est point lassée des sacrifices. Mais cet amour de la gloire qui nous a entraînés si loin, n'oublions pas qu'il avait pour origine l'amour de la liberté.

Cependant rassurons-nous; le despotisme, quel qu'il soit, ne sera jamais autant le despotisme, que la liberté, si elle a des chances pour elle, sera la liberté; car dans ce mouvement de sève et de *grandissement* des peuples, dans cette progression universelle de la raison humaine, il y a tout à parier pour les nations.

Si, comme le ministère se plaît à le reconnaître, la France, ou la grande majorité des Français, veut la légitimité, l'ordre, la tranquillité publique, pourquoi donc sévir contre les libertés de tous? Pourquoi donc la nation toute entière souffrirait-elle pour une poignée de révolutionnaires qui s'agitent à sa surface?

Les Français sont bons, généreux, et ce serait un grande injustice de leur refuser toutes les conséquences de la Charte.

Je ne sais jusqu'à quel point le renouvellement par cinquième, *portait l'empreinte du mépris impérial;* mais ce que je sais bien, c'est que le renouvellement intégral, tous les sept ans, porte l'empreinte ineffaçable du mépris ministériel.

Le renouvellement partiel pourrait avoir l'inconvénient de nous faire subir un joug obscur qui peut être imposé par les plus pe-

tites gens du monde, et qui n'a rien de cette servitude éclatante avec lapuelle un grand homme quelquefois flétrit et console sa patrie : cette phrase est fort brillante sans doute. Mais est-il au ministère, ce grand homme qui, en nous flétrissant, nous consolera par une *servitude éclatante ?* Au lieu d'exiger de nous les avances de la servitude, le grand homme, il nous semble, devrait d'abord se présenter, à moins qu'on ne prenne la septennalité pour un coup de génie. Un grand homme peut imposer la servitude à son pays, mais à coup sûr il n'a jamais été produit par elle.

La majorité libérale, dit le noble écrivain, n'a pas mis on doute si elle pouvait modifier la Charte ; donc la majorité royaliste croit pouvoir le faire. Cela peut être une fort bonne réponse d'un parti à un autre, mais ne saurait donner le droit qu'on ne peut avoir.

Si les majorités peuvent à leur gré, sur une simple proposition, faite dans la forme ordinaire des autres propositions de loi, modifier ou changer le texte de la Charte, notre évangile politique, alors il faut s'attendre à voir les constitutions suivre la fortune des ministres, ou plutôt il n'y a plus de constitution, de Charte, dès qu'une majorité peut la changer. C'est la majorité elle-même qui serait la Charte.

De quelque côté que notre loi constitutionnelle reçoive le coup, suspendu en ce moment sur elle, elle n'en sera pas moins frappée mortellement. C'est là une vérité incontestable, dont un député consciencieux doit bien se pépénétrer, et devant laquelle il reculera, s'il veut se rappeler que la Charte, œuvre immortel d'un Bourbon, le plus beau titre de gloire de notre Monarque, est venue pour fermer l'abîme des révolutions.

En rappelant à la conscience éclairée des députés de la France, les principes purs et sacrés de notre monarchie, principes qui ne doivent jamais subir d'interrègne, mais que les ministres oublient en moment, à l'aide d'une distinction que la raison et la bonne foi repoussent, distinction qui déplace et reporte en partie la souveraineté sur les Chambres, nous nous abstiendrons de signaler tous les maux qui peuvent résulter d'un pareil renversement de principes.

Assez de calamités ont passé sur notre pays par suite de violations semblables : qu'elle n'a pas été notre instabilité depuis trente ans? La raison, les principes nous ont-ils retenus? Non. Nous les avons sans cesse abandonnés pour courir en aventuriers après la chimère d'un mieux, qui fuit d'autant plus qu'on le poursuit. A la merci des vents et des flots, errans d'écueils en écueils, comme pour chercher notre patrie, nous n'avons pu jamais jeter une ancre de salut;

notre existence a toujours été flottante. Cependant après tant de leçons du malheur, tant de rigoureux châtimens, quelque sagesse devrait nous éclairer; c'est surtout dans ces circonstances mémorables que le souvenir de nos grandes infortunes doit se représenter à notre esprit, et qu'il convient d'écouter les leçons du passé, plutôt que les paroles des ministres sur un avenir dont la providence ne leur a pas plus qu'à nous révélé le secret.

Si quelque chose semblait manquer à la restauration et à la liberté pour les consolider l'une et l'autre en les confondant mieux ensemble, c'était la gloire des armes. Entre nations, cette gloire est indépendannte de là justice ou de l'injustice d'une cause. La supériorité est toujours une bonne chose pour le pays qui l'obtient : au-dedans elle est un sujet de réconciliation et d'orgueil national; au dehors un gage de respect et de sécurité. Mais si, contraire à ce grand et noble but, elle n'était qu'une occasion d'opprimer les citoyens, de leur arracher les garanties de leurs droits, elle serait un présent abominable.

Espérons que ce ne sera pas en vain qu'un fils de France aura éprouvé le courage de notre brave armée, et qu'en affermissant le trône où il sera appelé à monter un jour, il lui aura rendu la force nécessaire pour s'affranchir des entraves des factions, et marcher avec fermeté dans le chemin de la justice.

Tels doivent être les résultats de la guerre qui vient d'être terminée glorieusement. C'est pour la nation, c'est pour le trône que le Roi a fait prendre les armes, et non pour conquérir des priviléges à un parti dévoré d'ambition et de regrets, qui n'avoisine, n'obsède le trône, en nous en fermant toutes les avenues, que pour le presser de ses exigences personnelles.

Imprimerie de F.-P. HARDY, rue Neuve-St-Médéric, N°. 44.

www.ingramcontent.com/pod-product-compliance
Ingram Content Group UK Ltd.
Pitfield, Milton Keynes, MK11 3LW, UK
UKHW032017260826
14628UKWH00006B/2539

9 782011 790071